AF229288

ALLOCUTION

PRONONCÉE PAR

M. LE GÉNÉRAL FOLLOPPE

A L'ASSEMBLÉE GÉNÉRALE DE L'UNION CATHOLIQUE

LE 21 JUILLET 1883

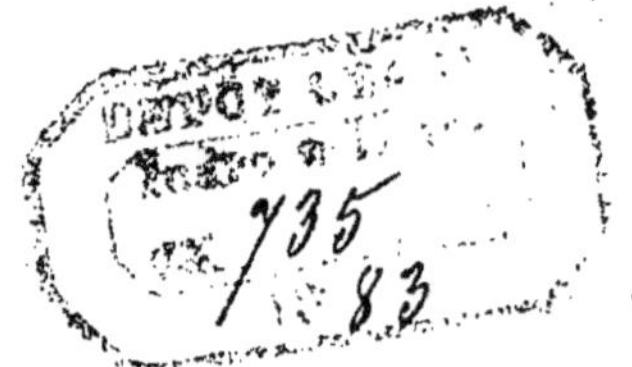

TOURS

IMPRIMERIE PAUL BOUSREZ

5, RUE DE LUCÉ, 5

ALLOCUTION

PRONONCÉE PAR

M. LE GÉNÉRAL FOLLOPPE

A L'ASSEMBLÉE GÉNÉRALE DE L'UNION CATHOLIQUE

LE 21 JUILLET 1883

TOURS

IMPRIMERIE PAUL BOUSREZ

5, RUE DE LUCÉ, 5

ALLOCUTION

PRONONCÉE PAR

M. LE GÉNÉRAL FOLLOPE

———

La philanthropie de l'État consiste, comme on l'a fort justement dit, à donner, avec l'argent des contribuables, vingt sous à un fonctionnaire, pour qu'il veuille bien prendre la peine d'en donner un aux pauvres.

La charité catholique est, au contraire, le don gratuit de soi-même, comme chaque confrère de Saint-Vincent-de-Paul la demande dans la belle prière à l'usage des conférences : « Très clément Jésus, qui avez suscité « dans votre Église, en la personne du bienheureux « saint Vincent de Paul, un apôtre de votre brûlante « charité, répandez la même ardeur charitable sur vos « serviteurs, afin que, par amour pour vous, ils donnent « de tout leur cœur aux pauvres ce qu'ils possèdent, et « finissent par se donner eux-mêmes : *ut amore tuo* « *libentissime in pauperes impendant sua, et seipsos* « *super impendant.* »

Après avoir vivement caractérisé ce contraste, notre cher président vous a cité deux éclatantes manifestations de la foi : les derniers Congrès catholique et eucharistique. Je viens, à mon tour, vous parler d'une œuvre plus modeste, mais qui doit vous être particulièrement chère : celle de l'Union catholique.

Permettez-moi de vous entretenir de son origine, de sa raison d'être, de son esprit et de son but trop imparfaitement atteint jusqu'ici, et dont il nous faut, Messieurs, poursuivre énergiquement la réalisation complète.

L'Union catholique et sociale de la Touraine fut fondée dans le mois de mai 1872. Alors les salutaires réflexions inspirées par les désastres de la guerre étrangère et de la guerre civile avaient déjà fait place à d'autres préoccupations. La nation se laissait aller de nouveau à la dérive du courant révolutionnaire, par suite du manque de principes et de l'impulsion de ses vieilles habitudes; un marin dirait : Sans boussole et vent arrière.

Les habitudes prises étaient celles du luxe et du plaisir. L'absence de principes laissait une libre carrière aux vices les plus dangereux; je citerai la vanité dans les hautes classes, et dans les classes moyennes la jalousie et la cupidité. On courait après les emplois distribués par le gouvernement en vue du profit autant au moins que de la considération qu'ils procurent. Chez le peuple des villes, c'était le désir de jouir sans peine : on l'ameutait par convoitise pour les richesses, dont il maudissait les détenteurs.

La passion des classes agricoles était l'amour du lucre, contenu avec peine par la peur du gendarme bien plus que par la crainte de Dieu. La propagande révolutionnaire y entretenait, avec une habileté perfide, la défiance à l'égard des prêtres, cependant sortis pour la plupart de son sein, et contre les nobles, bien qu'il ne reste plus à ceux-ci d'autre privilège que le nom.

Sur cette masse d'hommes qui jouissaient, maudissaient ou s'enrichissaient, l'esprit mauvais devait avoir toute prise : — l'expérience ne l'a que trop prouvé.

D'un autre côté, la vérité enseignée à la jeunesse avait été tellement amoindrie, défigurée même, qu'elle la laissait complètement désarmée contre des erreurs souvent patronnées par l'État, et trop conformes à des passions que l'éducation n'était pas venue dompter et discipliner.

Ainsi se préparait dans une nation déchue des générations sans raison et sans mœurs. Ces symptômes de décadence devenaient surtout effrayants lorsqu'on examinait dans quel état se trouvait, en France, le principal agent de sa grandeur passée : la sainte Église catholique, cette vénérable mère de la patrie, délaissée par l'État, avait perdu toute influence sociale, et, par suite de la liberté laissée aux erreurs modernes, son action sur les individus était fort amoindrie. Il y a bien paru lorsqu'un peu plus tard de si grands attentats à ses droits ont été perpétrés. Vous, Messieurs, et quelques autres, vous avez éprouvé une douleur amère; vous avez réclamé hautement, vous avez protesté avec une indignation vigoureuse, mais la masse du peuple français est restée inerte, presque indifférente.

Ce que nous voyons maintenant, et ce qui se prépare, pouvait dès lors être prévu par les moins clairvoyants. Vous l'aviez, quant à vous, pressenti déjà, et c'est précisément ce qui vous a fait vous lever et vous réunir.

Vous avez voulu prévenir, autant qu'il dépendrait de vous, les catastrophes que vous aperceviez à l'horizon.

Telle est, Messieurs, l'origine de notre société. Voici en quels termes ceux d'entre nous qui en levèrent les premiers le drapeau, invitèrent tous les hommes d'ordre de la Touraine à se joindre à eux.

« Monsieur,

« Nous venons solliciter votre concours pour une œuvre de la plus haute importance.

« Vous savez sans doute qu'il s'est formé récemment à Paris un comité pour la défense de l'ordre social et de la religion catholique, qui en est la base. Plusieurs comités semblables se sont aussitôt constitués en province; la Touraine, qui renferme tant d'éléments conservateurs, ne saurait rester étrangère à ce mouvement.

« Il est trop clair que si les gens de bien ne se réunissent pas dans un suprême effort pour s'opposer aux ennemis de l'ordre social. si nombreux, si savamment organisés, si acharnés à leur œuvre de destruction, tout va succomber sous leurs coups : patrie, propriété, famille, libertés publiques et individuelles.

« Ne pas le voir ce serait être aveugle. Le voir et ne rien faire pour protéger ces intérêts sacrés, ce serait trahir l'homme et le devoir, ce serait nous trahir nous-mêmes.

« Nous ne voulons être ni aveugles, ni pusillanimes à ce point.

« Nous nous levons, nous nous unissons pour défendre de toutes nos forces la société en péril..........»

Tout va succomber, disions-nous : patrie, propriété, familles, libertés publiques et individuelles.

L'événement n'a que trop bien justifié ces sombres prévisions. Des atteintes presque mortelles ont été portées aux finances publiques, à la propriété privée, à la famille, à la religion, aux intérêts les plus graves, aux droits les plus sacrés.

Qu'y avait-il à faire? Nous étions en présence de trois partis à prendre; nous associer à ce qui se faisait, nous en isoler, le combattre.

Y participer, c'était mener le deuil de la patrie et de l'Église de France;

S'isoler, c'était se désintéresser des deux plus nobles de toutes les causes qui peuvent faire vibrer le cœur de l'homme;

Combattre, c'était le devoir.

Nous avons donc combattu, Messieurs, et si tout a croulé autour de nous, nous sommes encore debout. Encore debout, non comme ces ruines qui témoignent du passé jusqu'à ce qu'elles périssent elles-mêmes, mais comme les pierres d'attente d'une construction qui s'élève pour abriter des générations revenues des erreurs que nous combattons, et destinées à jouir d'une paix qu'elles devront à nos efforts.

Tel fut, tel est encore le principal objectif de l'Union catholique et sociale de la Touraine.

S'il vous en souvient, nous avions à son début trois questions capitales à résoudre. Quels devaient être les principes de l'Union catholique, sa direction, son attitude vis-à-vis des partis politiques ?

Permettez-moi de vous rappeler en quelques mots les solutions que nous leur avons données.

Pour travailler efficacement à la régénération du pays, il n'y avait qu'un moyen : c'était de travailler à rendre au principe régénérateur sa légitime influence, et pour cela d'accepter tout d'abord ses enseignements et sa direction.

N'est-ce pas le dévouement à l'Église de Rome qui fit la France grandissante de Clovis, de Charlemagne et de saint Louis, cette nation chevaleresque, ce pays de franchises et de dévouement, fécond en productions naturelles, plus fécond en nobles intelligences et en grands caractères ?

Comment en un plomb vil l'or pur s'est-il changé ?

Il s'était dégagé de sa gangue par sa fidélité à l'Église; il s'est altéré par son apostasie.

Aussi n'est-ce pas seulement la France politique qui s'écroule; c'est la France catholique, c'est-à-dire le moule social dans lequel elle allait naguère s'épurant sans cesse, et d'où elle était sortie le joyau des nations.

Tant que l'État s'obstinera à refuser à l'Église l'appui qu'il lui doit, l'Église sera entravée dans sa liberté; par suite, son influence sera considérablement amoindrie, au grand détriment de la société civile elle-même. Ainsi donc, l'aider à reconquérir ses droits, c'est travailler au rétablissement de l'ordre compromis par leur néga- tion ; c'est apporter à la société, devenue l'arène de toutes les convoitises, les conditions de « la paix qui est la tranquillité de l'ordre ».

On parle beaucoup de l'ordre et de la révolution ; mais les amis de l'ordre se divisent sur la signification de ce mot et font le jeu des révolutionnaires. Ceux-ci, lorsqu'ils arrivent au pouvoir, voudraient bien conserver la quantité d'ordre qui les y maintient, mais sans vou- loir les conditions qui l'assurent et qu'ils ont pour arriver niées et violées. L'ordre n'est maintenu dès lors que par portions et à l'aide de la violence, au lieu d'être intégral et basé sur les principes.

Il est donc nécessaire de donner une idée exacte de l'ordre pour unir les esprits honnêtes dans la vérité et pour les enlever à ces hommes d'ordre d'occasion qui ne sont que des révolutionnaires arrivés et illogiques.

A la dernière fête de saint Martin, j'ai eu l'honneur de vous indiquer la doctrine en dehors de laquelle nous ne pouvons nous regarder comme complètement dévoués à l'ordre, à laquelle il faut revenir, sans laquelle il ne serait plus possible que d'arrêter un instant le pays sur la pente qui le conduit à l'abîme, que de pallier le mal qui le dévore et de prolonger seulement son agonie.

Mais, Messieurs, il ne faut pas seulement recevoir de l'Église les principes constitutifs de l'ordre social, il faut, pour les faire valoir, recevoir encore d'elle la direction qui nous permettra d'employer de la manière la plus judicieuse nos moyens d'action. En un mot, nous devons lui être complètement soumis et dévoués.

C'est ainsi que l'Union l'a entendu. C'est ce dont témoigne hautement ce que nous avons écrit dans notre

Bulletin et ce que nous avons dit dans nos assemblées périodiques de la Saint-Martin. La présence à ces réunions de notre vénéré Pasteur et des prélats venus pour la fête, dit assez que notre pensée et nos sentiments sont compris et accueillis avec bienveillance.

C'est pour bien marquer l'intention que nous avions en faisant cette œuvre, de nous dévouer complètement à l'Église, que nous disions dans la première communication qui vous fut adressée et dont il me suffit de reprendre la lecture :

« Nous faisons appel à tous les hommes d'ordre qui veulent sauver la société et qui comprennent qu'on ne peut la sauver sans Dieu.

« Vous le voyez, Monsieur, nous nous mettons au-dessus, bien au-dessus des partis politiques, et, sans demander à personne le sacrifice de ses opinions, nous aspirons à liguer ensemble tous les hommes de cœur qui voudront, chacun suivant ses aptitudes et dans la mesure de ses forces, coopérer à la défense de la civilisation chrétienne. »

Cette ligne de conduite, Messieurs, a reçu récemment une haute consécration dans l'encyclique adressée par Sa Sainteté Léon XIII aux évêques d'Espagne.

Nous n'avons pas lieu de nous étonner, ni de nous glorifier de cette rencontre, puisque nous avons voulu être fidèles à l'Eglise. Elle prouve simplement que l'expression de notre docilité n'était pas un vain mot, et elle devient pour nous un motif décisif de rester dans la voie que nous nous sommes tracée.

Proclamer les principes et les défendre sous la direction de l'autorité ecclésiastique, c'était bon, c'était nécessaire ; mais cela ne pouvait suffire. Pour les appliquer, pour les propager, pour les faire pénétrer dans les institutions et dans les mœurs, que de difficultés, que d'obstacles ! Pour en triompher, le zèle inspiré par l'esprit chrétien a créé une quantité d'œuvres excellentes.

C'est parmi les hommes qui s'en occupent que l'Union a trouvé ses premiers et ses plus nombreux adhérents. Elle les a adoptées toutes sans se laisser absorber par aucune d'elles. Elle s'est faite comme le foyer de toutes, s'intéressant à tous les besoins catholiques et s'efforçant de réunir, soit en personnel, soit en matériel, les ressources nécessaires pour aider les œuvres déjà existantes et faciliter l'éclosion de celles dont la nécessité se faisait sentir.

Il est inutile, sans doute, de montrer ici l'heureuse influence de l'Union, ni d'énumérer ses travaux. Je crois pouvoir dire en toute simplicité que nous n'avons qu'à nous féliciter des résultats obtenus, et que tous ceux qui ont concouru à ces résultats par leurs efforts personnels ou seulement par leurs cotisations ont participé à une œuvre vraiment catholique et sociale.

Mais, Messieurs, tout ce qui pouvait être fait a-t-il été accompli ?

Je me vois forcé, bien à regret, de répondre négativement. Outre le but de manifester en faveur de l'Église et celui de donner son concours aux bonnes œuvres, l'Union avait un troisième objectif.

L'homme isolé est faible, il est usé par le temps, il est perdu dans l'espace ; mais il décuple ses forces, se prolonge et se dilate par l'association.

L'Union devait donc s'efforcer d'assurer son existence et son épanouissement ; d'où la mission, pour chacun de ses membres, de chercher autour de lui des hommes de bien, de leur faire comprendre la nécessité de rendre à l'Église sa bienfaisante influence et de les introduire parmi nous.

Cependant, Messieurs, les vides faits dans nos rangs par le temps ou la distance ne sont qu'imparfaitement comblés, et par suite l'Union a besoin de votre sérieux concours pour son développement; les membres qui nous quittent pour d'autres pays ou pour un monde meilleur doivent avoir des successeurs, et le recrutement continu de notre association serait compromis sans votre dévouement.

Ce résultat si regrettable ne dépend pas de sa constitution. Elle a été fondée, au contraire, en vue d'une grande extension. C'est le dernier point que je me propose de traiter.

L'amour que nous avons pour notre pays n'est pas seulement sur nos lèvres. Il est au plus profond de nos cœurs. Nous devions donc chercher tous les moyens de le servir. Or, Messieurs, bien que l'Église soit la forme des nations chrétiennes, que ses principes soient les fondements de l'ordre véritable, et qu'elle seule en soit l'incorruptible gardienne, beaucoup d'hommes adoptent les principes nécessaires à l'existence et au perfectionnement de la société sans reconnaître la source d'où ils émanent. Les uns les font reposer sur la parole du Christ, qu'ils interprètent à leur guise ; les autres les regardent comme des produits de la raison humaine, ce qui est les dépouiller encore davantage de leur caractère divin.

Malgré cela, ils s'y attachent et les défendent souvent même avec plus de vigueur que beaucoup de ceux qui respectent en ces principes l'autorité de l'Église de Dieu. De tels hommes ne devaient pas être laissés de côté dans l'organisation de la défense sociale.

Il suffisait, pour éviter des compromissions qui altèrent la vérité et en paralysent l'influence, de les admettre non comme membres dirigeants, mais en qualité d'auxiliaires. Il leur avait été adressé à cet effet, dès l'origine de l'Union, un appel spécial, qui jusqu'ici n'a pas eu un écho suffisant.

Cet échec momentané n'était pas imprévu. Il avait déjà ses causes, auxquelles les évènements en ont ajouté de nouvelles.

L'Église possède la vérité intégrale; de sorte que tous ceux qui défendent des portions de cette vérité devraient s'associer à elle. Il n'en est pas ainsi, comme vous le savez.

Les uns veulent bien du secours de l'Église tout en combattant son influence. Les autres acceptent cette influence comme particuliers et la repoussent comme citoyens. D'autres, enfin, croient que l'aider c'est tendre à réaliser un idéal politique qui n'est pas le leur.

Ajoutons maintenant à ces hommes ceux qui, depuis 1872, par prudence, par crainte du pouvoir ou pour jouir de ses faveurs, doivent se tenir éloignés de nous, et vous aurez, j'ai regret de le dire, une grande partie de la nation.

Cependant ces hommes ne sont pas tous tellement acquis à la cause du mal que nous ne puissions espérer de les gagner à celle du bien. Ceux qui ont pu croire, au début de l'Union, qu'elle poursuivait un but politique doivent être désabusés par la loyauté d'une conduite qui n'a pas dévié de sa ligne depuis dix ans. D'un autre côté, les événements se sont chargés d'ouvrir bien des yeux, et ceux qui se préparent en ouvriront bien d'autres. Notre tâche est ainsi grandement facilitée.

Enfin, Messieurs, il est impossible qu'en dehors de ces hommes il ne s'en trouve pas d'autres qui viendraient grossir utilement nos rangs si nous nous donnions la peine de les chercher. Ne devons-nous pas faire un retour sur nous-mêmes, nous demandant si chacun de nous a fait tout ce qui dépendait de lui pour dissiper les préjugés, vaincre les résistances et amener à notre œuvre des auxiliaires qui peuvent par la suite lui rendre les plus grands services.

Il est bien vrai, disons-le pour adoucir nos remords, il est bien vrai que la tâche n'est point aisée. Les esprits se sont tellement affaissés, et les caractères énervés, qu'il y a une difficulté énorme à mettre les hommes en mouvement, à moins de les pousser dans le sens de leurs passions.

Mais nous nous sommes réunis précisément pour secouer cette torpeur, pour rendre aux individus l'initiative si nécessaire, surtout aujourd'hui que rien ne protège plus ce qui doit nous être cher et sacré.

Nous ne croyons pas assez, Messieurs, à notre dignité d'hommes, à notre puissance comme chrétiens, et lorsque nous les entrevoyons, nous nous hâtons trop souvent de détourner les yeux pour échapper aux obligations qu'elles nous imposent. Ces obligations, il faut, au contraire, les regarder en face avec la ferme volonté de les remplir.

Sans doute, nous sommes des êtres faibles et versatiles ; mais, Messieurs, rappelons-nous les paroles de l'apôtre : « Je puis tout en celui qui me fortifie ; » et partons de là. C'est une loi de l'histoire que Dieu emploie généralement les hommes et les moyens humains pour accomplir ses desseins sur les peuples.

Dans ce grand drame où se dénouent les destinées de la France, nous ne sommes sans doute que des acteurs infimes ; mais, quelque modeste que soit notre rôle, nous pouvons le grandir, et dans tous les cas nous aurons à rendre compte de la manière dont nous l'aurons rempli.

Nous devons donc nous faire une idée exacte de la situation et des devoirs qui en résultent pour nous.

Ce que vous voyez maintenant, ce que vous déplorez et voulez changer, c'est un châtiment. Les désastres de la guerre de 1870, châtiment ; les désastres, plus graves sans comparaison, qui les ont suivis, châtiment. Châtiment, châtiment : voilà, Messieurs, le véritable mot de la situation.

Le châtiment ne peut cesser que par l'expiation, et voilà pourquoi vous voyez tant de nobles âmes tourmentées du désir d'expier. Voilà pourquoi vous voyez encore, comme sortir de terre et de tous côtés, tant d'œuvres expiatoires. Eh bien, Messieurs, le grand moyen de fléchir la colère, trop explicable, de Dieu, — c'est la prière et les bonnes œuvres. C'est ainsi que vous pouvez contribuer pour votre part et pour une très grande part au salut de la France.

Membres de l'Union, faites votre œuvre en joignant vos voix à cette grande clameur qui s'élève de la catholicité tout entière et pénètre jusqu'au cœur de Dieu, dont elle finira par fléchir la justice.

En attendant cette heureuse issue, il nous faut continuer à proclamer les principes, à les propager avec ardeur, afin de préparer l'ordre futur lorsque Dieu apaisé nous aura rendu la paix.

Voyez, Messieurs, si chacun de nous était un centre actif de propagande, combien d'adeptes ne ferions-nous pas ? et chacun d'eux devenant un centre à son tour, le bien s'étendrait promptement au loin. Vous ne voudrez pas mériter le reproche que Notre-Seigneur fait aux enfants de lumière.

Enfin, Messieurs, dans ce travail de rénovation sociale que nous poursuivons, nous rencontrons les individus avec leurs âmes immortelles. L'avenir ne nous appartient pas, les voies de Dieu ne sont pas nos voies : le renouveau de gloire que nous voudrions donner à la France ne nous sera peut-être pas accordé. La paix que nous lui souhaitons, hélas ! ne lui sera peut-être pas donnée. Plaise à Dieu qu'il en arrive autrement, Messieurs ! Mais, quoi qu'il en soit, nos travaux profiteront toujours aux âmes et c'est à les sauver que nous devons surtout nous appliquer. Si un verre d'eau donné au nom du Christ ne restera pas sans récompense, que ne devez-vous pas attendre, si vous pouvez remettre, non une âme, mais des âmes en pleine possession de la vérité catholique ; si vous leur donnez les moyens de régler leur marche au milieu du désordre actuel de toutes choses et de retrouver ainsi le chemin du ciel !

Telles sont, cependant, Messieurs, vos obligations comme catholiques et comme Français, obligations très graves, très impérieuses. L'Union a été créée pour nous en faciliter l'accomplissement, pour coordonner nos efforts, les rendre plus fructueux, pour aider, en un mot, chacun de nous à faire valoir le talent qu'il a reçu, et dont il lui sera demandé compte, un compte rigoureux, et dans un délai qui ne saurait être bien long. Tous nous pouvons concourir à l'action commune par notre bonne volonté, tous nous pouvons prier pour son développement, tous nous pouvons chercher à lui procurer des adhérents. C'est peu, et c'est beaucoup. C'est peu, car nous ne sommes qu'en petit nombre et dénués de toute puissance. C'est beaucoup, car c'est faire notre devoir ; c'est suivre Dieu.

Ne nous laissons donc pas abattre par notre insuffisance, engourdir par la torpeur générale, décourager par les difficultés de la tâche ; mais, pleins de confiance dans le Tout-Puissant, envisageant virilement le devoir, excitons-nous si vivement à bien faire que nous puissions y déterminer les autres. A des hommes comme vous, Messieurs, il suffit de montrer où est le devoir ; mais, si cela était nécessaire, que pourrais-je faire de mieux, pour vous persuader, que de vous montrer des exemples vivants de ce que nous devons être ?

Monseigneur d'abord, qui, retenu par la maladie, n'a pu nous honorer de sa présence ; Monseigneur qui, dans sa bienveillance pour nous, a voulu être représenté par un autre lui-même. Oui, Monsieur le grand vicaire, dussé-je blesser votre modestie, je ne puis m'empêcher de vous saluer comme la personnification du devoir.

Voici l'exemple, Messieurs ; vous le suivrez.

IMPRIMERIE PAUL BOUSREZ, RUE DE LUCÉ, 5, TOURS.